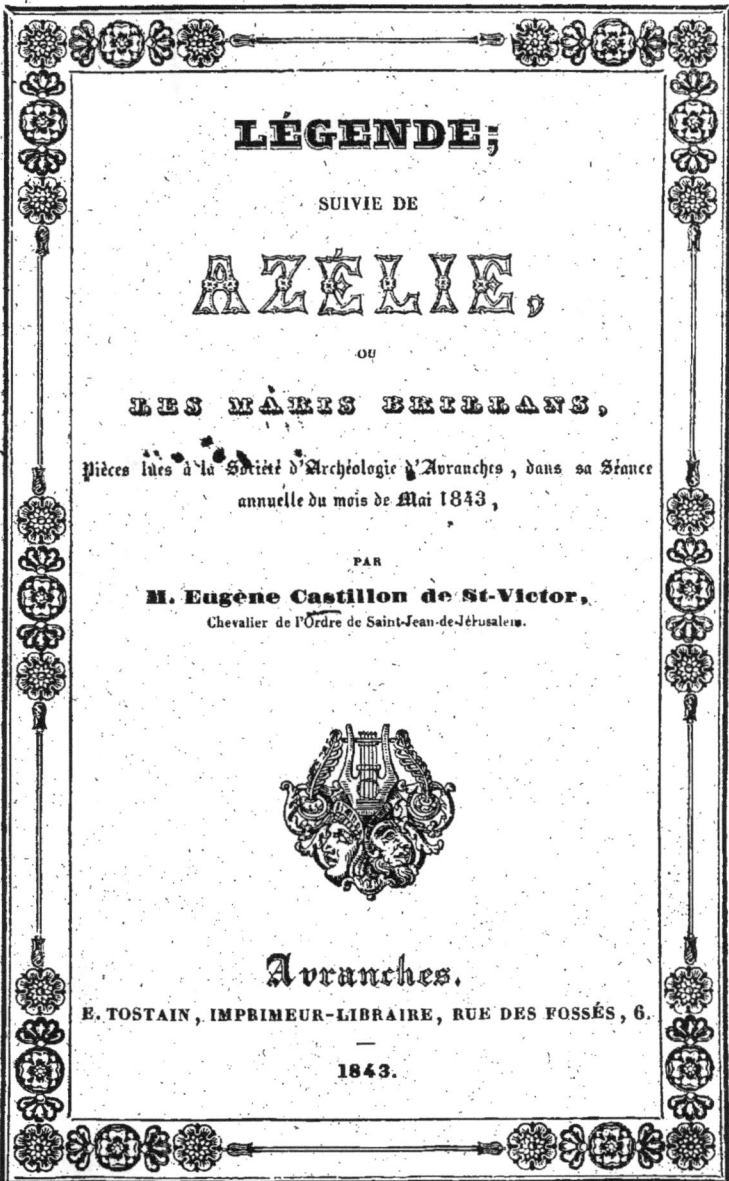

LÉGENDE;

SUIVIE DE

AZÉLIE,

OU

LES MARIS BRILLANS,

Pièces lues à la Société d'Archéologie d'Avranches, dans sa Séance annuelle du mois de Mai 1843,

PAR

M. Eugène Castillon de St-Victor,

Chevalier de l'Ordre de Saint-Jean-de-Jérusalem.

Avranches.

E. TOSTAIN, IMPRIMEUR-LIBRAIRE, RUE DES FOSSÉS, 6.

—

1843.

LÉGENDE;

SUIVIE DE

Azélie, ou les Maris brillans.

— Avranches. — Imprimerie de E. Tostain.—

LÉGENDE;

SUIVIE DE

AZÉLIE,

OU

LES MARIS BRILLANS,

Pièces lues à la Société d'Archéologie d'Avranches , dans sa Séance
annuelle du mois de Mai 1843 ,

PAR

M. Eugène Castillon de St-Victor,

Chévalier de l'Ordre de Saint-Jean-de-Jérusalem.

Avranches,

E. TOSTAIN, IMPRIMEUR-LIBRAIRE, RUE DES FOSSÉS, 6.

1843.

Mai 1843.

LÉGENDE.

———

POUR les récits d'une vieille chronique,
Puisqu'aujourd'hui l'on montre tant d'ardeur,
D'en raconter certain désir me pique,
Et je voudrais aussi me faire auteur.

Je vous l'ai dit, je suis archéologue,
Et désormais on n'en saurait douter ;
Primo...... mon nom inscrit au catalogue,
Seul, au besoin, pourrait vous l'attester ;
En second lieu, je vais, sans hésiter,
Payer ma dette, et, savant chronologue,

Des temps passés à vos yeux dérouler
Un manuscrit authentique et notoire,
Que ma nourrice un jour m'a révélé :
Comme j'ai cru, je vous invite à croire
Ce document précieux pour l'histoire,
Dont, avant moi, nul auteur n'a parlé.

Sans chercher loin, j'ai trouvé ma légende;
Elle est naïve et pieuse à la fois :
Un vieux guerrier, de famille normande,
Montgommery, fameux par ses exploits,
Fut le héros. Un gracieux village,
Coquettement bâti sur le rivage
Que la Sélune embellit de ses eaux,
Ducey, fameux par ses bois, ses coteaux,
Par son château, que nous nommons antique,
Jeune pourtant auprès de ma chronique,
Fut le théâtre. Il convient d'ajouter,
Pour que du fait nul ne puisse douter,
Qu'en douze cents se passa l'aventure,
Qui maintenant doit vous paraître sûre :
Lorsqu'un auteur a bien tout précisé,
Douter encor serait mal avisé.

En ce temps donc, appelé Moyen-Age,
Après un long et très-mauvais usage
Des jours nombreux que le ciel lui donnait,
Montgommery qui ne les employait
Qu'à guerroyer, à ravager la terre,
Semer au loin le deuil et la misère,
Piller, vexer et vilains et manans,

Même parfois détrousser les passans ;
Après avoir, peu fidèle à sa dame,
Pour mille objets d'une coupable flamme,
Brûlé, malgré les sermens de l'hymen ;
Après avoir, joyeux, le verre en main,
Fêté Bacchus en dépit du carême ;
Avoir au jeu vomi plus d'un blasphême,
Lorsque le sort trahissait son espoir ;
Que vous dirai-je, enfin, après avoir,
Par gourmandise, orgueil, ire et paresse,
Pendant trente ans péché sans fin, sans cesse,
Ledit seigneur mourut en son château,
Sans avoir pu, par longue pénitence,
Par discipline, aux dépens de sa peau,
Blanchir un peu sa noire conscience.

Grand fut le trouble au départ du pécheur !
L'ange tremblait qui lui servit d'escorte,
Et de frayeur la pauvre âme fût morte,
Mais ne meurt pas un souffle du Seigneur !

Jà dans l'enfer brillait la noire flamme,
Qui la devait consumer à jamais ;
Jà les démons s'écriaient : viens, infâme !
Tu ne peux plus t'échapper désormais !
Plus d'un malin présente le programme
De ses méfaits. Chacun, avec ardeur
En l'accusant, comme sien le réclame ;
Car vous saurez que si là haut notre âme
A pour le bien un ange protecteur,
Là bas tout vice a son instigateur.

Le livre s'ouvre!... oh! surprise incroyable!...
La feuille est blanche à l'article du mal!...
Qui fut penaud!... ce fut monsieur le diable!....
On vit changer son sourire infernal
En cri de rage!!... Où donc est la luxure?
Dont tant de fois s'est vanté le pendart!...
Le livre doit en parler quelque part,
S'écria-t-il!... qu'on en donne lecture!...
Lors dans la foule, un bel ange caché,
S'avance et dit : PAR UNE SAINTE AUMONE,
FAITE EN SECRET POUR LE DIEU QUI PARDONNE,
FUT EFFACÉ CET HORRIBLE PÉCHÉ.

Chaque démon reçoit même réponse ;
Toujours s'oppose au crime qu'il dénonce
L'AUMONE!... Enfin, forcé de reculer,
L'accusateur abandonne sa proie ;
L'âme soudain s'élance ; et, dans sa joie,
Au chœur céleste elle va se mêler.

AZÉLIE,

ou

LES MARIS BRILLANS.

———◆———

J'AI de tout temps aimé les vieux conteurs ;
Ils amusaient, et la saine morale
Que recueillaient leurs naïfs auditeurs,
   Valait bien le triste scandale
Dont on abreuve aujourd'hui les lecteurs.
Un romancier, dont la bile s'exhale
Dans des écrits oiseux ou corrupteurs,
Conçus, dit-il, dans l'intérêt des mœurs,

Et qui des mœurs sont la perte fatale,
Vaut bien moins que nos vieux conteurs.

Ayant rimé dès mon aurore,
A mon déclin j'aime à rimer encore ;
Mais, je le sens, les légers madrigaux
Qui jadis occupaient ma Muse,
Quand vingt ans lui servaient d'excuse,
Aujourd'hui seraient des travaux
Peu conformes à son allure,
Puisqu'au lieu d'ailes il lui faut un bâton :
Comme elle change de parure,
Je veux aussi changer de ton.
Dans l'âge mûr et l'âge le plus tendre,
Joli récit peut plaire à l'auditeur ;
L'enfant sent le besoin d'apprendre,
Le vieillard est toujours conteur ;
Mais loin de moi le style corrupteur,
Qui flatte et couronne le vice.
En m'écoutant, je veux que la vertu grandisse ;
Plus qu'à l'esprit je veux parler au cœur.

Puis, avant d'entrer en matière,
Je dois prévenir mes lecteurs
Et mes indulgens auditeurs,
Que ma Muse, un peu braconnière,
A pillé le champ du voisin,
Et pris son œuvre presqu'entière
Dans la prose de Sarrasin.

Depuis deux ans, la rêveuse Azélie
Était l'épouse d'Amédan.
L'un amoureux, l'autre jeune et jolie,
Et du bon bourgeois d'Hispahan
Le sort semblait digne d'envie;
Mais nous savons que, dans la vie,
Tout ce qui reluit n'est pas or;
Et pour grand que soit un trésor,
Au gré de notre âme ravie,
On le voudrait plus grand encor.

Je puis vous dire en confidence,
Que les époux étaient loin d'être heureux:
L'un d'eux était trop amoureux,
Et chez l'autre, la bienséance
Remplaçait un amour douteux
Touchant presque à l'indifférence.
Amédan joignait au bon sens
Un esprit juste, un jugement solide,
Il s'exprimait en doux accens,
Mais paraissait simple et timide,
Et, malgré son air bienveillant,
Madame le trouvait stupide,
Et l'aurait voulu plus brillant.
Il était d'humeur généreuse,
Et chaque jour il faisait des présens
Des bijoux les plus séduisans,
Qu'Azélie, un peu dédaigneuse,
Admettait comme un juste encens,

Un tribut ,.... un hommage-lige
Qu'à la beauté l'on ne conteste pas ,
Et sur lequel jamais on ne transige
Quand on possède tant d'appas.

Sans crainte d'encourir le blâme ,
Point de duègne à surveiller Madame ,...
Point d'eunuques dans la maison.
Amédan pensait dans son âme,
Que les verroux d'une prison
Gardent moins bien la vertu d'une femme
Que la sagesse et la raison.
La liberté , disait-il , l'indulgence,
L'abandon et la confiance,
Sont en amour les plus puissans moyens
De conserver ses douces flammes,
Et franchement, la vertu de nos femmes
Ne dépend-pas de leurs gardiens.
Comptons peu sur la citadelle,
Et craignons une trahison
Lorsque le commandant chancelle,
Et doute de la garnison.
Quand, pour garder la vertu d'une belle,
Au village ou dans les palais ,
Il est besoin de sentinelle,
Bien sot qui veut payer les frais !

Loin de la cour et des bruits de la ville ,
Tandis que le bon Amédan
Croit trouver un bonheur tranquille

A l'abri de son nouveau plan,
Une sombre mélancolie ·
Minait sourdement les appas
De la langoureuse Azélie,
Et son cœur murmurait tout bas ,
Dans les accès de sa folie :
MON MARI NE ME COMPREND PAS!
Sa gaîté simple m'importune !....
Son esprit n'a rien d'élégant ,....
Son cœur est bon, mais son âme est commune ;
Il devrait, avec sa fortune,
Jouer un rôle différent !
Cent fois, dans mon âme ravie,
J'avais rêvé,... bien vainement, hélas !
Et ce brillant qui colore la vie,
Et ces grandeurs dont on fait tant de cas !
Mais le lien qui me tient asservie
De ces songes flatteurs a terni les appas ,
Flétri mon cœur, si plein de poésie ;
Et mon mari, malgré sa courtoisie,
MON MARI NE ME COMPREND PAS !!

On dit que la superbe Asie
Des sciences fut le berceau,
Mais que les Dieux, par jalousie,
Ou dans un caprice nouveau,
Donnèrent à plus d'un fléau
Chez elle droit de bourgeoisie.
Chacun doit savoir ou saura ,
Que le terrible choléra,
Et la lionne, et la femme incomprise,

Portés sur l'aile de la brise ,
Nous vinrent de ce pays-là ;
Et plus d'un rustre , bon apôtre ,
Ainsi que nous, avait conclu de là ,
Que nul pays ne vaut le nôtre.
Quant aux fléaux, en leur particulier ,
Les médecins tuèrent le premier ,
Les quolibets tuèrent l'autre.
Grâce au bon goût , un nouveau jour a lui ,
Les incompris ne sont plus admissibles ;
Ce ridicule s'est enfui ,
Et ses écarts ne sont plus que risibles ;
D'où l'on déduit, par règles infaillibles,
Que les incompris d'aujourd'hui
Tout simplement sont incompréhensibles.

Un beau matin Amédan dut partir
Au reçu d'un pressant message ;
Un vieux parent exigeait ce voyage ,
D'où dépendait son avenir.
Il vole au boudoir d'Azélie ,
Vrai boudoir!... car elle y boudait :
De tous côtés, par la glace polie ,
Son image était réfléchie ;
Avec dépit elle la contemplait ,
Et tout bas elle murmurait :
A QUOI BON ÊTRE SI JOLIE !!
Le brave époux rend compte, en abrégé,
De son message, et veut prendre congé.
Avec tendresse il embrasse Azélie ;
Il la voit triste ; en vain il la supplie

De dévoiler de son cœur affligé
  La secrète mélancolie.
Elle répond d'une voix affaiblie,
  Et se plaint d'avoir des vapeurs,....
  Des maux de nerfs.... et la migraine.
  La suivante accuse les fleurs,
  Et les parfums, et les odeurs,
  De cette infirmité soudaine :
Rassurez-vous, et croyez-moi, Seigneur,
Madame aura sa guérison certaine
  Dans un sommeil réparateur ;
  Eloignez une crainte vaine ;
  Vous voir, posséder votre cœur,
  Est la recette souveraine
  Qui pourra la rendre au bonheur.

   Amédan part et se désole ;
En galopant et par monts et par vaux,
  Il songe aux amans, aux rivaux ;
Il épousa sa femme sur parole,
  On la lui peignit sans défauts !
  Cependant.... quoiqu'il en raffole,
  Il sent qu'on peut lui reprocher
  D'avoir beaucoup de gloriole,
Et que lui-même à peine à s'empêcher
  De la trouver un peu frivole.
Qu'importe enfin de si légers défauts !
Jamais, dit-il, les gens les plus moraux
  N'ont voulu les écrire au rôle
  De nos sept péchés capitaux.

Sur les confins de Géorgie
Laissons galoper Amédan,
Et retournons vers Hispahan
Revoir la quinteuse Azélie.
Depuis long-temps l'orgueilleuse beauté
Voyait avec un sentiment pénible,
Sur son bonheur uniforme et paisible,
L'ennui verser son poison redouté.
Elle cédait à la sombre tristesse,
Lorsqu'elle apprend qu'une devineresse,
Dans les profonds replis du cœur,
Allait chercher et guérir la douleur.
Rien de secret pour cette pythonisse;
Elle avait su, par un long exercice,
Connaître tout, et tout apprécier;
Mais son génie, en ressources fertile,
A la vertu toujours utile,
Au mal parfois semblait s'associer,
Pour le connaître et pour le déjouer.
On ajoutait que notre prophétesse,
Sans compliment, sans ambiguité,
Tout au rebours des gens de cette espèce,
Disait toujours la vérité;
Enfin, que l'austère sibylle
Ne recevait aucun présent:
De là, le vulgaire imbécile
Concluait, d'un air méprisant,
Que son savoir était futile,
Et la consultait rarement.

D'une seule esclave suivie,
Sous un manteau cachant ses traits charmans,
Le même soir l'inquiète Azélie,
Pour mettre à profit les momens,
D'un pied furtif se rend chez la pythie,
Et veut consulter l'avenir.
On l'accueille avec sympathie,
On l'encourage, on l'invite à bannir
La frayeur dont elle est atteinte,
A parler enfin sans contrainte.
Tout était calme et le jour finissait,
Le son mourant d'une harpe plaintive
Venait frapper son oreille attentive;
Sans le vouloir, la belle pâlissait.

Notre héroïne était bien résolue
A consulter le livre sibyllin,
Et cependant une crainte inconnue
Venait trahir son orgueil féminin;
Elle redoutait la venue
Du *gentleman* à la patte fourchue :
Bref, Azélie avait peur du malin.
Elle, auparavant si hautaine,
Sentait faiblir son pauvre cœur,
Et voudrait cacher sa frayeur
Par une retraite soudaine.
Un inquiet pressentiment
Pèse sur elle et la livre au vertige,
En pensant à l'événement;

Elle désire et craint également
De voir éclater un prodige.

La douce lueur d'un flambeau,
Subitement vient éclairer la scène,
Et colorer tout le tableau.
Elle voit la magicienne,
Assise sur un escabeau,
L'œil vif, le front ceint d'un bandeau :
Sa figure était agréable ;
Son maintien prévenant, affable,
N'offrait rien de mystérieux.
Notre Azélie, au comble de ses vœux,
Le cœur content, l'âme ravie,
Libre d'un cauchemar affreux,
Se sentait renaître à la vie ;
Et cependant son regard curieux,
Dans un trouble indéfinissable,
Cherchait encor un objet redoutable,
Qu'elle jugeait le maître de ces lieux.
Mais rien ne vint choquer ses yeux,
Ni l'attirail de la sorcellerie,
Point de hiboux, point d'anneaux constellés,
Ni l'odieuse friperie,
Dont les sorciers sont affublés.

De la crainte à la confiance,
Il existe un espace immense,
Qu'Azélie a peine à franchir ;
Son courage est prêt à fléchir,

Et veut encor décliner l'audience.
La sibylle, avec bienveillance,
S'avançant pour la retenir,
D'un air riant ouvre la conférence.

Parlez, dit-elle, en assurance,
Contre le sort je puis vous prémunir :
Votre cœur est-il en souffrance ?
Par mon art je puis le guérir ;
Ou voulez-vous, sur l'avenir,
Consulter mon expérience ?
Tout est possible à ma science ;
Me voilà prête à vous servir.

La belle Azélie, enchantée
Par un début plein de douceur
Qui calme son âme agitée
Et les battemens de son cœur,
Sans plus tarder, à la devineresse,
Confidemment étale ses douleurs ;
Et, sans excuser sa faiblesse,
Elle sait peindre avec finesse,
Ce qu'elle appelle ses malheurs.
Zora, c'était le nom de la sibylle,
Lui dit avec aménité :
« Consolez-vous, l'hymen le plus tranquille
A toujours son mauvais côté ;
A mes conseils soyez docile,
Avec le pouvoir d'être utile
J'en ai pour vous la volonté.

Je le vois bien, vous n'êtes pas heureuse;
Dans Hispahan, votre sort envié
   Par toute femme vertueuse,
   Est au fond digne de pitié :
   Amédan est tendre, fidèle,
   Son cœur est complaisant et doux,
   Seule Azélie à ses yeux semble belle,
   Sans jalousie il se confie à vous
   Pour son honneur, pour sa fortune;
Mais, après tout... c'est une âme commune,
Epoux donné par le ciel en courroux.
Sans votre aveu vous fûtes mariée,
Et vos parens vous ont sacrifiée;
   Je veux vous venger, dit Zora,
Dites un mot,.... et sans plus de mystère,
   Un seul mot!... Amédan mourra!... »
— « Non! non! jamais par moi, ma mère,
Mon Amédan ne sera condamné;
   Sa vie autant qu'à lui m'est chère.
   Qu'il vive heureux et fortuné;
Mon cœur pour lui ne ressent point de haine;
Mais rarement un astre bienveillant
   Préside au nœud qui nous enchaîne :
Il lui fallait une femme moins vaine,...
Et je rêvais un époux plus brillant!!...
   Je serai seule malheureuse,
Et subirai mon destin rigoureux;
Mais loin de moi tous ces coupables vœux,
   Dont en secret je suis honteuse. »

— « Bien,... dit Zora d'un air joyeux!...

Il vivra,... vous serez heureuse.
Mon art puissant vous rend la liberté !...
Il est garçon, vous êtes fille,
Les nœuds d'hymen n'auront point existé ;
Vous êtes libre, et lui, de son côté,
Pourra chercher compagne aussi gentille.

Daignez, séduisante beauté,
Auprès de moi, dans mon asile,
Passer huit jours ; ... il vous sera facile
D'y recouvrer votre aimable gaîté :
Ne dédaignez pas la sibylle,
Venez reposer sous son toit ;
Le logis peut paraître étroit,
Mais vous verrez que l'on y peut sans peine
Passer huit jours, et que, sans être reine,
Je gouverne un peuple nombreux. »
A ces mots, du réduit poudreux
Elle ouvre une porte secrète ;
Azélie, un instant muette
D'étonnement et de bonheur,
D'un œil surpris admire la splendeur
D'un palais enchanté, de jardins magnifiques,
Entourés de nobles portiques,
Qu'embellissaient la magique lueur
De feux cachés dans des vases d'albâtre.
D'oiseaux légers une troupe folâtre,
Croyant à la clarté du jour,
Chantait sa joie et son amour.
En contemplant tant de richesse,
Du pouvoir de l'enchanteresse,

Belle Azélie, oserais-tu douter !!
Non, dans ton cœur, tu jures d'écouter
Tous ses avis, dictés par la sagesse.

Le lendemain elle s'empresse,
Et suit la vieille qui lui dit :
— « Venez, ma fille, à présent il s'agit
De commencer notre revue ;
Dans chaque place et chaque rue,
Dans les cafés, dans les bazars,
Invisible à tous les regards,
Vous pourrez voir sans être vue ;
Et, parcourant les lieux où le plaisir
Rassemble l'aimable jeunesse,
Vous-même à votre gré choisir
L'heureux mortel à qui votre tendresse
Veut confier son avenir ;
Mon art saura vous le faire obtenir.
Mais ne décidez rien qu'après que cette glace,
Dans un tableau, qu'un léger souffle efface,
Aura peint l'objet de vos vœux,
Tel que deux ans d'hymen l'offriront à vos yeux. »

Brûlant de crainte et d'espérance,
Azélie avec confiance
Marchait, serrant contre son sein
Le miroir, talisman divin,
Arbitre de sa destinée.
Soudain elle s'arrête, et regarde étonnée ;
Elle aperçoit un jeune homme charmant,

Traits distingués, taille élégante,
Un teint de roses et de lis,
Rehaussé par de noirs sourcils
Et le duvet d'une barbe naissante ;
Ajoutez-y la grâce ravissante
D'un vêtement du dernier goût...
— « Oui ! dit Azélie enchantée,
Être divin !... je veux jusques au bout,
Te consacrer ma vie, et de toi seule aimée,
T'aimer aussi jusqu'à mon dernier jour :
Oh ! ma mère !... c'est lui que rêvait mon amour !... »
— « Peut-être !... mais enfin, ma fille,
Avant de décider, consultez le miroir. »
Elle regarde !... adieu tout son espoir !
Elle aperçoit au-dessus de son crâne
Certain objet qui semblait se mouvoir ;
« Oh dieux !... dit-elle en cachant le miroir,
Mon FASHIONABLE a des oreilles d'âne !!...
J'éprouve une vive pitié
Pour cette charmante figure !
Singulier goût !... singulière coiffure !
Je ne serai pas la moitié
De celui qui la porte !... Éloignons-nous, ma mère ;
Sans esprit, la beauté ne peut jamais me plaire,
Et celui qui veut m'acquérir,
Ensemble doit me les offrir. »
— « C'est prétendre beaucoup !... essayons, dit la vieille,
Ce n'est pas sans chercher qu'on trouve une merveille ! »

Après de longs et vains efforts
Pour rencontrer unis deux si rares trésors,

La glace présente à leur vue,
D'oreilles d'âne dépourvue,
La tête d'un jeune élégant,
Bien plus que l'autre séduisant!!
— «Oh! le charmant objet!... regardez-le, ma bonne!...
Mais le miroir,... au lieu d'une personne,
A mes regards en montre deux!...
Semblables de tout point!... et d'un œil amoureux
L'une contemple l'autre, et l'écoute et l'admire!...
Une femme s'avance avec un doux sourire!...
Elle a mes traits!... il la repousse!... oh! ciel!
Pour s'occuper de l'autre jouvencel!... »
— « Un fat n'admire que lui-même;
Celui-ci, dit Zora, contemple son portrait;
A ses yeux, rien n'est plus parfait,
N'espérez donc pas qu'il vous aime.
Rentrons, ma fille, écoutez mon conseil,
Et demain, à votre réveil,
Nous reprendrons la course aventureuse,
Dont la fin doit vous rendre heureuse;
En attendant, livrons-nous au sommeil. »

Le lendemain, course nouvelle:
A peine l'aurore étincelle,
Chassant les ombres de la nuit,
Que la sibylle la conduit
Dans un bazar où l'on faisait commerce
D'éloquence et de bel esprit;
La critique et la controverse
Y trouvaient aussi leur débit.
La foule entourait, attentive,

Un beau jeune homme, élégant orateur,
Fort à la mode, et brillant discoureur.
Pour l'écouter toute langue est captive,
Tous les yeux sont fixés sur lui,
Sur nul front ne se peint l'ennui.
Est-il gai?... voyez le sourire
Sur les lèvres des auditeurs;...
Il est triste... aussitôt les pleurs
Inondent tous les yeux... l'orgueilleuse soupire,
Et dit : « c'est toi qui feras mon bonheur!...
En t'écoutant, je t'ai donné mon cœur;
Sur moi rejaillira ta gloire,
Et je conçois l'espoir flatteur
De vivre avec toi dans l'histoire ! »
Elle prend le miroir en achevant ces mots,
Et voit l'objet d'un si tendre propos,
Accabler de mainte caresse
Un monstre d'une étrange espèce;
Il n'a tête ni queue, il est difforme et laid
Aux yeux de tous, et ce monstre imparfait
Du bel esprit a toute la tendresse;
Il le couve des yeux, il l'admire sans cesse,
Hideux pour tous, il lui paraît charmant;
Timide, près de lui, s'avance doucement
L'image d'Azélie, aimable et séduisante;
Avec douceur elle lui prend la main...
Il la repousse avec dédain,
Et fuit sa caresse innocente !...
— « De cet homme d'esprit, ma mère, expliquez-moi
Le sot procédé qui m'irrite !
Comment peut-il trouver tant de mérite
Au petit monstre que je voi! »

—« Chut !... dit Zora... c'est un poëme épique,
Tout récemment sorti de sa fabrique ;
Chaque six mois il en donne un nouveau,
Et le dernier est toujours le plus beau :
Ce bel esprit, ma fille, est un poète,
C'est à son œuvre, encor bien imparfaite,
   Unique objet de son amour,
   Qu'il rêve la nuit et le jour. »
—« Je rougirais de me voir la conquête
D'un sot pédant, qui pourrait sous mes yeux
D'un si bizarre objet se montrer amoureux !
Cherchons un bel esprit qui ne soit pas poète. »
   Aussitôt s'offre à leurs regards
Un nouvel orateur, connu dans les bazars,
Dans les cafés, les jardins de la ville,
Un orateur en bons mots si fertile,
   Que la tourbe des écrivains
   Vit aux dépens de ses saillies,
   Et que ses œuvres recueillies
   Se font admirer des plus vains.
   Ses pamphlets et ses réparties,
   Ses discours, ses contes moraux,
   Ses feuilletons toujours nouveaux,
   Du public ont les sympathies,
   Et défraient trente journaux.

   A l'éclat de sa renommée
   Azélie aussitôt sourit ;
—« Qu'il serait doux, dit-elle, d'être aimée
De ce brillant homme d'esprit ! »
D'un œil curieux et timide,

Elle consulte le miroir,
Et voit une troupe insipide
De femmes qui font peur à voir,
Méchantes, laides, tracassières,
Tour-à-tour rampantes et fières,
Sans cesse debout aux côtés
Du malheureux soumis à leur empire;
Il n'oserait les contredire,
Et suit en tout leurs volontés.
—« Ma mère! que font ces furies,
Auprès de cet infortuné?... »
—« A les souffrir, l'orgueil l'a condamné;
Elles sont ses filles chéries,
On les nomme PRÉTENTIONS !
La vanité se proclame leur mère,
Et ces hideux enfans paraissent à leur père
Le comble des perfections!.. »
—« Je ne serai pas leur rivale ! ..
Même en inspirant de l'amour,
Je vois qu'à leur haine brutale
On m'immolerait quelque jour. »

La promenade se termine;
Vers son logis la vieille s'achemine,
Azélie à côté marchait à pas rêveurs,
Et ses beaux yeux laissaient couler des pleurs.
Dès que l'aurore matinale
Dérobe au sommeil ses pavots,
Que, désertant la couche nuptiale,
Le laboureur retourne à ses travaux,
Pour la jeune beauté l'épreuve recommence;

Mais, à son air incertain et confus,
On voit que la douce espérance,
D'un pied léger ne la précède plus.

Lors, d'Hispahan l'immense place
Se remplit d'escadrons nombreux;
Leur chef, plein d'une noble audace,
Presse les flancs d'un coursier généreux,
Et brûle d'entrer en campagne.
— « Ah! se dit Azélie, heureuse la compagne
Du guerrier l'appui de son roi,
L'espoir du faible et des méchans l'effroi;
Terrible à l'oppresseur farouche,
L'honneur est sa suprême loi,
Et seule la gloire le touche;
Tranquille au milieu du danger,
Rien n'émeut son âme aguerrie :
Il sait combattre et vaincre l'étranger,
Et, s'il le faut, mourir pour la Patrie !...
Quel malheur pourrait affliger
La douce compagne qu'il aime!
Il peut, contre le destin même,
La défendre et la protéger !...
Voyons le sort qu'on lui prépare...
Que le miroir à nos yeux le déclare...
Que vois-je!... il est percé de coups !...
Sa femme, avec d'autres captives,
Suit en pleurant, sur de lointaines rives,
Les meurtriers de son époux !...
Fuyons le sort qu'on lui réserve,
Et que le ciel à jamais me préserve
D'acheter la gloire à ce prix !...

J'ai bien souvent entendu les récits
Des honneurs que la cour dispense ;...
Ils sont plus tranquilles, je pense,
Et ne sont pas moins séduisans. »

Soudain des jeunes courtisans
La foule brillante et joyeuse,
Du palais franchit les degrés ;
Des flatteurs la troupe nombreuse
Entoure de ses rangs pressés
Les heureux favoris du prince,
Qui, du plus grand jusqu'au plus mince,
Promettent aux adulateurs
Des biens, des rangs et des honneurs,
Qu'ils briguent en vain pour eux-mêmes !...
Un reflet des grandeurs suprêmes
Les illumine tour-à-tour,
Comme dans la nuit azurée,
Brille sur la lune éclairée,
Un rayon de l'astre du jour.

—« Vous m'avez promis, bonne mère,
Que votre art me ferait aimer
De celui qui saurait me plaire ;
Enseignez-moi les moyens de charmer
Cet homme au gracieux sourire,
Ce seigneur dont chacun admire
Et l'élégance et la beauté :
La grandeur lui semble importune,

Et, malgré sa haute fortune,
Son accueil bienveillant respire la bonté!... »
— « Dès que vous le voudrez, ma fille, je vous jure,
Bien mieux que tous mes talismans,
Vos grâces et votre figure
Sauront soumettre mille amans :
Voyons si celui-ci mérite
Qu'à le fixer s'exercent vos attraits,
Votre miroir dira si le bonheur habite
Chez les grands et dans leurs palais. »
Azélie alors voit paraître
Le courtisan dans un riche salon ;
Il semble heureux, et sans doute il doit l'être,
Tout brille autour de lui; plein d'un tendre abandon,
Il reçoit dans ses bras l'ami qui se présente,
Quand un affreux serpent, qu'il cachait dans son sein,
L'œil sanglant, la gueule béante,
Demande cet ami pour assouvir sa faim!...
Sans qu'un léger remords l'arrête,
On voit le courtisan lui-même s'empresser
De livrer à l'horrible bête
L'ami qu'il venait d'embrasser.
Tout ce que le monstre réclame
A ses désirs est accordé soudain ;
Azélie a vu que sa femme
Va subir le même destin !
Au spectacle affreux qui la frappe,
Elle s'écrie en pleurs,... « Quoi! tous les courtisans
Sont-ils en proie à ces hideux serpens? »
—« Ma fille, aucun d'eux n'en échappe!...
Ce monstre est leur ambition ;
Par elle dévorés, ils lui livrent sans peine,

L'objet de leur amour et l'objet de leur haine ;
Tout s'immole chez eux à cette passion... »
—« Je ne veux pas être asservie
A l'hôte infortuné d'un si cruel dragon,
　　Qui sur l'heure obtiendrait ma vie,
　　S'il en exigeait l'abandon !...
Mais le premier visir !... lui que le peuple adore !...
Au comble des grandeurs, peut-il nourrir encore
　　. Ce monstre qui me fait horreur ?... »

—« Non ,... la satiété l'a tué dans son cœur,
　　Et même à l'éclat dont il brille,
　　Que vous semblez apprécier,
　　Vous pourrez vous associer ;
Consultez le miroir... de cet éclat, ma fille,
　　Votre œil n'est-il point aveuglé ?... »
La belle cherche à voir,... d'un regard qui pétille,
　　Le futur chef de sa famille,
　　Las ! elle voit ! .. le visir ÉTRANGLÉ !!...

　　Avec la vieille elle rentre confuse,
Sur un divan se jette tout en pleurs...
—« Mon Amédan ! près de toi tout m'accuse !
　　Trop tard, je connais mes erreurs ;
　　Par orgueil, j'ai creusé moi-même
L'abîme où va s'engloutir mon bonheur.
Et cependant tu m'aimais, et je t'aime !!
　　J'ai bien mérité mon malheur ! »

Lors Amédan paraît, plein d'une douce ivresse:
« Rendons, dit-il, grâce à l'enchanteresse,
  Qui nous fait renaître à l'espoir ;
Mon Azélie à jamais tu m'es chère!
Tremblant, lorsque tes yeux consultaient le miroir,
  J'ai subi cette épreuve amère
  Qui pouvait m'enlever ton cœur !
Ton bon esprit est demeuré vainqueur
  Dans une lutte passagère,
  Qui t'a montré qu'une chimère
  Ne peut assurer le bonheur. »

On peut inférer de ce conte,
Qu'en choisissant un époux trop brillant,
Femme souvent doit trouver du mécompte,
Et puis, trop tard, avouer à sa honte,
Qu'un homme sage, aimable et bienveillant,
  Eût mille fois mieux fait son compte.

www.ingramcontent.com/pod-product-compliance
Lightning Source LLC
Chambersburg PA
CBHW060812280326
41934CB00010B/2652